Vedat Ates

Islamischer Feminismus und die Wahrnehmung von Geschlechterrollen

Eine Neuinterpretation des Korans und des Islams

Bibliografische Information der Deutschen Nationalbibliothek:

Die Deutsche Nationalbibliothek verzeichnet diese Publikation in der Deutschen Nationalbibliografie; detaillierte bibliografische Daten sind im Internet über http://dnb.d-nb.de abrufbar.

Impressum:

Copyright © Social Plus 2021

Ein Imprint der GRIN Publishing GmbH, München

Druck und Bindung: Books on Demand GmbH, Norderstedt, Germany

Covergestaltung: GRIN Publishing GmbH

Inhaltsverzeichnis

1 Einleitung

Mit der wachsenden Zahl von Muslim*innen im Westen entstehen neue Diskussionen über Feminismus und Religion. Der übliche Tenor ist, dass der Islam die Frauen stark diskriminiert. Dieses Argument wird vor allem vom rechten Flügel benutzt, um zu propagieren, dass die Frauen des Westens[1] von der diskriminierenden Tradition des Islams bedroht werden. Zur gleichen Zeit gibt es eine islamische feministische Bewegung, die auf der ganzen Welt stattfindet. Das mag auf den ersten Blick wie ein Widerspruch in sich selbst erscheinen. Aber ist das wirklich so? Oder sind es unterschiedliche Definitionen oder Meinungen darüber, was Islam und was Feminismus ist?

Die Kombination zwischen dem Islam und dem Feminismus wurde immer problematisch angesehen. Es gibt westlich sozialisierte oder westlich orientierte muslimische Feminist*innen, die die Meinung vertreten, beides sei nicht zu vereinbaren[2]. Es wird immer auf den frauenfeindlichen Charakter des Islams verwiesen: Die Polygamie (für Männer), Zwangsheirat und die Verschleierung sind Beispiele, die als Hindernisse vor einer feministischen Bewegung stehen. Deshalb sehen viele Feminist*innen den Islam und den Feminismus als zwei Perspektiven, die niemals zusammentreffen können.

---

[1] Obwohl der Begriff ursprünglich die westeuropäische Kultur bezeichnete, wird in unserer Zeit meistens die als gemeinsame Werte der Nationen in Europa und Nordamerika definiert(westliche Welt in Wikipedia)

[2] Amirpur Katajun, *Den İslam neu denken, Der Dschihad für Demokratie, Freiheit und Frauenrechte*, 2013, erste Aufl. (München: Verlag C.H. Beck 2013),145.

Andererseits behaupten diverse Islamist*innen[3] und Muslim*innen, dass Feminismus den authentischen Grundgedanken des Islams schade, weil laut diesen der Islam keine Geschlechtergleichheitsprobleme zwischen Männern und Frauen hat.

Dieses Thema wirft viele Fragen auf. Auf den folgenden Seiten möchte ich darauf eingehen, wie Geschlechterrollen im Islam wahrgenommen werden. Um diese Frage zu analysieren, werde ich kurz einige Themen der Unterdrückung von Frauen im Islam erwähnen. Dies ist wichtig, um zu verstehen, ob der islamische Feminismus in sich ein Widerspruch ist[4].

Dann wird diese Seminararbeit in drei Kapitel unterteilt: Als erstes wird das Konzept des islamischen Feminismus, relevante Begriffe dazu und sein Aufstieg im geschichtlichen Kontext erläutert. Anschliessend wird auf momentan etabliertere Geschlechterverständnisse im islamischen Kontext eingegangen. Im dritten Teil wird die Hermeneutik des islamischen Feminismus dargestellt und ein innerislamischer kritischer Blick auf den islamischen Feminismus geworfen. Im Rahmen dieser Arbeit wird versucht, folgende Fragen zu beantworten: Besteht die Möglichkeit, politische Geschlechtergleichheit in der islamischen Welt zu realisieren, wenn man sie religiös

---

[3]   Der Begriff Islamismus bezeichnet eine religiös motivierte Form des politischen Extremismus: "Was ist Islamismus" Bundesamt für Verfassungsschutz, www.verfassungsschutz.de/de/arbeitsfelder/af-islamismus-und-islamistischer-terrorismus/was-ist-islamismus

[4]   Editorial, "Islam and gender in Europe: subjectivities, politics and piety Source," *Feminist Review,* No. 98 (2011): 4.

begründet? Wie wird im islamischen Feminismus Geschlechtergleichheit wahrgenommen? Und wie können islamische Feminist*innen Kritik am Koran ausüben und ablehnen, wenn etwas im Bezug auf Geschlechtergleichheit nicht akzeptabel ist?

2 Unterdrückung von Frauen im Islam?

Die Unterdrückung von Frauen ist in vielen islamischen Ländern zweifellos ein grosses Problem. Die meisten der Gesellschaften, welche die Unterdrückung der Frauen mit der Scharia rechtfertigen, begründen ihre Argumente mit dem Familienrecht der Scharia: Die Männer sind das Oberhaupt der Familie und die Mädchen werden ihrem Vater und ihren Brüdern unterstellt und können gewaltsam zur Heirat gezwungen werden, sobald sie in die Pubertät kommen. In der Ehe sind sie ihrem Ehemann unterstellt, der alle Entscheidungen treffen kann. Auch werden die Frauen in erbrechtlichen Fragen diskriminiert[5]. Die Frauen dürfen ihre nackte Haut nicht in der Öffentlichkeit zeigen und im Extremfall schütteln die Männer die Hände von Frauen nicht, und umgekehrt. Es gibt natürlich noch andere Beispiele, auf die hier nicht eingegangen werden kann, weil sie den Rahmen dieser Arbeit sprengen würden. Der wichtige Punkt ist aber, dass es zahlreiche Beispiele für islamisch begründete Diskriminierung von Frauen gibt.

Die iranische Forscherin Ziba Mir-Hosseini[6] zeigt jedoch, dass diese Gesetze nur eine Interpretation und nicht unbedingt das Gesetz Gottes selbst sind. Sie unterscheidet zwischen *Fiqh* - dem Rechtsprechung - und der *Shari'a* - Gottes Gesetz. Sie argumentiert, dass die Jurisprudenz von Menschen gemacht ist und daher nicht von Gott

---

5   Mahrokh Charlier, „Der muslimische Mann,": *Lettre International 84* (Frühjahr 2009): 76-80.

6   Mir-Hosseini, Ziba: "Muslim Women's Quest for Equality: Between Islamic Law and Feminism," Critical Inquiry, Vol. 32, No. 4 (2006): 632-633.

stammt. Es gibt viele verschiedene Interpretationen und Schulen der islamischen Rechtswissenschaft, welche die Diskriminierung von Frauen ablehnen. Hosseini argumentiert, dass der Hauptgrund für die Diskriminierung von Frauen im Islam darin besteht, dass er innerhalb eines patriarchalischen Systems praktiziert wird, welches seine Macht über Frauen rechtfertigt, indem es Religion als Legitimation einsetzt. Die Diskriminierung von Frauen ist daher Teil eines historischen und sozialen Kontextes und nicht der Religion selbst. Die Hauptbotschaft des Islams ist, dass Gerechtigkeit über allem liegt, was genauso die Frauen wie die Männer umfasst[7].

Trotz der Logik dieses Arguments wird diese Ansicht von Traditionalisten weitgehend bestritten. Sie argumentieren, dass die *Fiqh* genauso von Gott kommt wie die *Shari'a* und dass Gottes Gesetz nicht jedes Mal neu interpretiert werden kann, wenn sich der soziale Kontext ändert: Nach ihnen gibt es keinen Raum für Interpretation und man kann Gottes Worte nicht ändern[8]. Das Problem mit diesem Argument ist, dass die prominenten Stimmen der islamischen Traditionalist*innen selbst hauptsächlich männlich sind und daran Interesse haben, den Status quo beizubehalten, um ihre Macht nicht zu verlieren[9].

---

[7] Manea Elham, Women and Shari'a Law: The Impact of Legal Pluralism in the UK, 2016, erste Aufl. (London: I.B Tauris 2016), 210.

[8] Manea, Women and Shari'a Law, 213.

[9] ebd., 217.

Das war/ist ebenfalls im Christentum der Fall. Auch christliche Frauen im Westen mussten Diskriminierung ertragen. Es hat lange gedauert, die Gleichstellung zu erreichen, die noch nicht ganz abgeschlossen ist. Vor allem im Katholizismus gibt es immer noch eine gewisse Diskriminierung von Frauen. Frauen können beispielweise nicht Priesterin werden[10]. Die christlichen Traditionalist*innen verwenden genau das gleiche Argument wie islamische, um dies zu rechtfertigen. Es ist das Argument, dass es der Wille Gottes sei und dieser nicht geändert werden kann. Nur weil der soziale Kontext und das Verständnis von Gleichheit sich verändert hat[11], ändern die Traditionalist*innen ihre Haltung nicht. Die Tatsache, dass Feminismus mit Mary Wollstonecraft[12] bereits im 18. Jahrhundert in einem religiösen Kontext entstanden ist, hat sie dazu getrieben, die Gleichberechtigung von Mann und Frau mit Bibelzitaten zu belegen[13]. So hat sich das Christentum angepasst oder zumindest gelernt, sich an neue soziale Kontexte und an ein neues Gleichheitsverständnis anzupassen. Natürlich kann man die beiden Religionen und die historischen und sozialen Kontexte nicht eins zu eins vergleichen, aber diese

---

[10] Florin Christiane, „Dürfen Frauen Priesterinnen werden? " Deutschlandfunk, 15.04.2017, http://www.deutschland-funk.de/katholische-kirche-duerfen-frauen-priesterinnen-werden. 2927.de.html?dram:article_id=383904.

[11] Florin, „Dürfen Frauen Priesterinnen werden?"

[12] Mary Wollstonecraft (1759-1797) war eine englische Schriftstellerin, Philosophin, Frauenrechtlerin und Übersetzerin mit irischer Abstammung.

[13] Hosseini, "Muslim Women's Quest for Equality: Between Islamic Law and Feminism," 641-642.

Entwicklung zeigt, dass auch der islamische Feminismus durchaus ein effektives Mittel sein könnte. Anschließend soll kurz auf den Aufstieg und die Funktion des islamischen Feminismus eingegangen werden.

3 Islamischer Feminismus - eine begriffliche Annäherung

Laut der iranischen Forscherin Hosseini könnte man meinen, dass der Feminismus von Europa einen grosse Unterstützung für muslimische Frauen gewesen wäre beim Kampf um ihre Rechte. Doch, obwohl es sicherlich dazu beigetragen hat, dass diese sich ihrer Rechte und auch der Möglichkeit, dafür zu kämpfen, mehr bewusst wurden, war der europäische Feminismus eher ein Hindernis für die Entwicklung des islamischen Feminismus. Der Grund dafür war, dass, als in Europa die erste Welle des Feminismus aufkam, viele muslimische Länder immer noch unter Kolonialherrschaft standen. Das Problem war also, dass der Feminismus als etwas koloniales angesehen wurde, das der Westen den kolonisierten Völkern aufzwingen wollte, oder zumindest damit beweisen wollte, das er entwickelter war. Kritik am islamischen System als frauendiskriminierend wurde daher als Betrug angesehen, als Kollaboration mit dem Feind. Gleichzeitig beschuldigten Feministinnen Musliminnen, die weiterhin Diskrimination ertrugen oder tolerierten, damit, die feministische Sache zu betrügen. Frauen waren daher gezwungen, zwischen ihrer religiösen und ihrer Geschlechtsidentität zu wählen. Islamischer Feminismus schien etwas unmögliches[14].

Was gemäss Hosseini überraschenderweise die Situation veränderte war das Aufkommen des politischen Islams. Die von diesen Fundamentalisten ausgedrückten extremen Ansichten legitimisierten Kritik unter Moderaten ohne das Gefühl, dabei den Islam zu hintergehen.

---

[14] ebd., 639.

8

Plötzlich war Raum da für Kritik und ein islamischer Feminismus begann zu entstehen[15]. Es gibt islamisch orientierte Wissenschaftler*innen und Feminist*innen, die behaupten, dass Männer und Frauen in Koran gleich seien[16] und deshalb könnten die Rechte für muslimische Frauen im Bezug auf Geschlechtergleichheit nur von einem islamischen Kontext her kommen - Veränderung könne also nur von Innen kommen[17]. Nur durch Diskussion um, über und mit der Religion selbst könne Kritik akzeptiert und eingebracht werden[18]. Diese Forscher*innen sind ein gutes Beispiel dafür, dass Gleichheit/Gleichberechtigung zwischen den Geschlechtern mit der islamischen Tradition selbst legitimiert werden kann[19]. Andere Wissenschaftler*innen heben hervor, dass selbst wenn gewisse Koranverse die Unterwürfigkeit der Frauen gegenüber den Männern besagen, es kein Hindernis sei, sich an ein modernes Verständnis von Gleichheit anzupassen, da in der Zeit Mohammeds ein komplett anderer sozialer Kontext bestand[20]. Diese Forscher*innen verlangen nach einer Veränderung des islamischen Rechts und geben schon Vorschläge, wie das Recht neu interpretiert und auf die Geschlechtergleichheit angewendet werden kann[21].

---

[15] ebd., 639.

[16] ebd., 642.

[17] ebd., 642.

[18] ebd., 642.

[19] Editorial, „Islam and gender in Europe: subjectivities, politics and piety Source, " 3.

[20] Manea, Women and Shari ʻa Law, 210.

[21] ebd., 210.

In Europa hat es einige Zeit gedauert, bis sich der islamische Feminismus etabliert hat. Muslimische Frauen formten den Begriff Feminismus in Bezug auf Frauen ihrer Ethnizität neu. Zum Beispiel gab es in Grossbritannien eine türkischsprachige Aktivistinnengruppe. Viele waren skeptisch, sich unter einer religiösen Identität zu sammeln um für die Rechte der Frauen zu kämpfen, weil sie Angst hatten, dabei die Gemeinschaft zu zerbrechen. Mit der Entstehung der Gruppe *Women Living Under Muslim Laws* hat sich dies schliesslich geändert. Sie starteten eine riesige Initiative mit tausenden von Forscher*innen, Gelehrt*innen, Aktivist*innen und Anwält*innen, um gegen die Diskriminierung von Frauen zu kämpfen, die dem muslimischen Recht unterworfen waren. Sie umfasste somit auch nichtmuslimische Frauen[22].

3.1 Geschichte des islamischen Feminismus

Edward Said schrieb in seinem Werk *Orientalismus*, dass der Orient sich nie selbst definierte, sondern durch den Westen und seiner westlichen Perspektive und Denkart konstruiert wurde: Damit hat er die These postuliert, dass es sich hierbei um eine kolonialistische Konstruktion "des Anderen"[23] handelt, die vom Westen selbst

---

[22] Balchin, Cassandra, "Emergence of a Transnational Muslim Feminist Consciousness among Women in the WENAAZ (Western Europe, North America, Australia and New Zealand) Context" in *Muslim Diaspora in the West. Negotiating Gender, Home and Belonging,* Surrey, hrsg. Moghissi, Haideh und Ghorashi, Halleh, 39-51 (New York: Ashgate Publishing, 2010), 39-41.

[23] Said Edward, Orientalism, 1978 Originalausgabe (New York: Vintage Books, 1994), 5.

erfunden wurde. Said definierte diese Beziehung bzw. das Verhältnis zwischen Okzident und Orient folgendermassen: "The relationship between Occident and Orient is a relationship of power, of domination, of varying degrees of a complex hegemony"[24].

Said war überzeugt, dass Orientalismus somit mehr als nur die diskursive Konstruktion eines Anderen ist: Dies bedeutet, dass die Produktion von Wissen über den Orient nicht ohne Ausübung von Macht gedacht werden kann[25]. In dieser Hinsicht hat Said die gleiche Denklogik wie Foucault, die dieser in seinen späteren Schriften als Macht-Wissen-Komplex[26] beschrieben hatte. Während (in der westlichen Konstruktion) Europa oder der Westen als zivilisiert dargestellt werden, wird der Orient als Ort der Sexualität, Gewalt und Bedrohung gezeigt. Mit dem Identifizieren des Ostens definierte der Westen sich eigentlich selbst. Alle positiven Besonderheiten des Westens hat der Osten nicht, und alle negativen Merkmale, die der Okzident nicht hat, trägt der Orient[27]. Damit der Kolonialismus und seine Herrschaft gerechtfertigt werden können, wurde er als eine zivilisatorische Mission dargestellt: Das Ziel bzw. die Speerspitze dieser Zivilisationsmission waren die unterdrückten muslimischen Frauen (besonders im Bezug auf die Verschleierung), die befreit

---

[24] Said, *Orientalism*, 5.

[25] ebd., 3.

[26] Foucault Michel, *Überwachen und Strafen. Die Geburt des Gefängnisses*, 9. Aufl. (Frankfurt am Main: Suhrkamp,1994), 39.

[27] Said, *Orientalism*, 5f.

werden sollten[28]. Die Rhetorik des „White men are saving brown women from brown men"[29]. hatte auf die meisten Feminist*innen den Effekt, dass sie sich nicht gegen die Kolonialmächte stellten, sondern sie unterstützten. Laut Al-Azm sind deshalb alle Einflüsse, die das arabische Leben während ca. 150 Jahren in wichtigem Masse geprägt haben europäischer Herkunft[30].

Auch während der französischen Kolonialherrschaft stand das Thema der Entschleierung algerischer Frauen im Zentrum. Der Schleier wurde als Symbol des Obskurantismus und Rückschritt der islamischen Gesellschaft betrachtet: Auch hier wurde die Kolonialherrschaft mit dem Motto der zivilisatorischen Mission gerechtfertigt, um die Frauen durch die Entschleierung vom arabisch-muslimischen Patriarchat zu befreien[31]. Dieses Vorgehen ist gescheitert, weil der Schleier in der muslimischen Orthodoxie seine eigene religiöse Logik besass. Er entwickelte sich zum Protest gegen die europäische Kolonialherrschaft und zum Widerstandssymbol der Frauen gegen die französische Kolonialisierung. Das abendländische Modernitäts-

---

[28] Ali Zahra, „Schluss: Den Feminismus entkolonialisieren und erneuern," in *Islamische Feminismen, Passagen Thema,* hrsg. von Peter Engelmann, 203-209 (Wien: Passagen Verlag, 2014), 203.

[29] Gayatri Spivaks, „Can the subaltern speak? ", in *Cary Nelson und Lawrence Grossberg, Marxism and the Interpretation of Culture,* hrsg. Nelson; Grossberg, 271-313 (University of Illinois: 1988).

[30] Sadik J. Al- Azm, *Unbehagen in der Moderne.* 1993 Original Ausgabe (Frankfurt am Main: Fischer Taschenbuch Verlag, 1993), 77.

[31] Ali, „Schluss: Den Feminismus entkolonialisieren und erneuern, "203.

modell wurde als Folge dieser Entwicklungsphase von den Islamist*innen abgelehnt und stattdessen wurde eine alternative islamische Moderne verteidigt[32].

Besonders in der Zeit nach 9/11 wurde die Tragweite des Feminismusdiskurses für imperialistische Zwecke instrumentalisiert. Bush führte einen imperialistischen Krieg in Afghanistan und Irak, u.A. unter dem Motto „Befreiung der Frauen". Nach 9/11 wurde Islamismus in einer breiten Öffentlichkeit, zumindest in Europa und den USA, unmittelbar mit „Terrorismus" und gewaltbereiten dschihadistischen Gruppierungen in Verbindung gebracht. Laut der marokkanischen Islam-Feministin Nadia Yassine dient die Manipulation von Begriffen wie Islamismus der Konstruktion des Anderen, also eines Feindbildes, das sich dem westlichen Liberalismus entgegensetzt[33]. Der amerikanische Imperialismus wird dadurch durchgesetzt und eine westliche Hegemonie gerechtfertigt. Es ist Teil davon, dafür zu sorgen, die Interessen der nördlichen Hemisphäre weltweit umzusetzen. Sie beschuldigt die marokkanische Regierung, dass sie diese mit der Angleichung der US-Ablaufplans nach den Casablanca -Attentaten dazu

---

[32] Muhammed Abed Al- Jabri, *Kritik der Arabischen Vernunft*. 2009, erste Aufl. (Berlin: Perlen Verlag, 2009), 57.

[33] Yassine Nadia, "Between etymology and Realpolitik, "in *Islamism. Contested Perspectives on Political İslam*, hrsg. Martin, Richard C.; Barzegar, Abbas 67-73 (Stanford: Stanford University Press, 2010), 67-73.

entschieden hat, die Durchsetzung dieser Interessen zu gewährleisten und mitzumachen[34].

Anders als viele islamische Feminist*innen, die sich vom Islamismus wegen solcher islamistischen Anschläge abgegrenzt haben, reagiert Nadia Yassine mit einem klaren Bekenntnis: "Ich führe meine Präsentation fort, in dem ich sage, dass ich zu dieser islamischen Welt gehöre, die Amerika beschlossen hat, sie zu bestraffen und zu einer Bewegung, die wir als „radikaler Islamist" bezeichnen"[35][36]. Islamismus sei nach Yassine Verständnis eine Art und Weise, im Koran und in der Sunna Lösungen für die in der Krise steckenden muslimischen Gesellschaften zu finden. Dennoch dementiert sie nicht, dass es innerhalb der islamistischen Strömung extremistische Kräfte gibt, diese seien aber zum Teil einer jahrelangen kulturellen Aggressivität gegenüber der muslimischen Welt und dem Kolonialismus geschuldet[37].

Andererseits sei bis in den Beginn der muslimischen Geschichte ein Missbrauch des Islams für opportunistische politische Ziele zu beobachten. Der Ursprung geht davon bereits auf die Dynastie der Umayyaden zurück, als die vom Prophet Mohammed gegebenen befreienden Dynamiken usurpiert wurden und der Koran und Islam zum

---

[34] Yassine, Nadia, „*Toutes voiles dehors,*" *2003*, erste Aufl. (Casablanca: Le Fennec, 2003), 10-12, 196-199.

[35] Yassine, „*Toutes voiles dehors, *" 10.

[36] Original Zitat: "Je poursuis ma présentation en disant que j'appartiens à ce monde islamique que l'Amérique a décidé de punir et à un mouvement que l'on taxe d'<islamiste radical>".

[37] Yassine Nadia [1.1], Universit.t Granada, 10.05.2010): La femme arabe aujourd'hui. [Videodatei]

Diener der Macht wurde[38]. Das Grundprinzip des Islams nämlich die Gemeinschaft als Ganzes und als heilig zu betrachten, wurde manipuliert und einzelne Personen wurden sakralisiert:

> „At this fateful juncture in Muslim history the proper relationship between politics and ethics was entirely reversed: religion came to serve power, shura was replaced by fardiyya (Individualism), community was converted to empire, and egalitarianism gave way to nepotism "[39].

Eine Lösung für die Probleme von muslimischen Gesellschaften könne derweil nur im Islam, das heisst in den eigenen kulturellen Wurzeln gefunden werden[40]. Einer der Slogans, die Yassine stark propagiert hat, war ursprünglich ein Buchtitel, *Die Moderne islamisieren*. Es spiegelt einerseits ihre Idee wieder von der Adaption der Moderne – nicht ihrer Zurückweisung – diese dabei aber mit islamischen Werten zu unterlegen. Andererseits ist es die Zurückweisung eines Diskurses, der sich nach 9/11 um die „notwendige Modernisierung

---

[38]   ebd. [1.1]. https://www.facebook.com/Nadia1Yassine/videos/vb.50515971999/1463568825861/?ty Pe=2&theater [Zugriff vom 12.08.2018].

[39]   Euben Roxanne, „Princeton Readings in Islamist Thought. Texts and Contexts from al-Banna to Bin Laden, "(Princeton N.J: Princeton University Press, 2009), 307.

[40]   Yassine Nadia [1.1], Universit.t Granada, 10.05.2010): La femme arabe aujourd'hui. [Videodatei]: https://www.facebook.com/Nadia1Yassine/videos/vb.50515971999/1464209201870/?ty pe=2&theater [Zugriff vom 12.08.2018].

des Islams" bildete[41]. Die Notwendigkeit, sich in einer modernen, globalisierten Welt zurechtfinden zu müssen, sieht sie gleichzeitig als Chance, eine gewisse Konzeption im heutigen Islam zu hinterfragen, besonders was die Frauen anbelangt.

Die europäische Moderne kann keinen Dialog zwischen der islamischen und christlichen Welt etablieren, der eine Bewegung innerhalb dieser Kultur auszulösen vermag, weil die europäische Moderne der arabischen Kultur und ihrer Geschichte gegenüber fremd ist. Deshalb sollte gemäss Al-Jabri die arabische Kultur beginnen, sich selbst zu kritisieren und ihren eigenen Weg zur Moderne finden[42]. „Leider ist die Moderne im zeitgenössischen arabischen Denken noch nicht soweit"[43]. Al-Jabri fügt hinzu, dass man die Moderne nicht mit der Denkart der europäischen Intellektuellen verstehen sollte, sondern als eine Gegenwart, die ihre Normen aus sich selbst schöpft[44]. Aus dieser Analyse heraus ergibt sich eine Ablehnung des Konzepts des Feminismus allgemein, da dieser in einem säkularen und agnostischen Kontext entwickelt und ihre Kritik oft rein materialistisch sei. Hingegen basiert der islamische Feminismus auf einer spirituellen Basis. Deswegen führt Yassine das Argument auf, dass ein grosser Teil der muslimischen Frauen sich mit ihren religiösen Wurzeln verbunden fühlt und nicht glaubt, dass westliche Werte ihnen helfen,

---

[41] Yassine, „Toutes voiles dehors," 13-14.

[42] Al- Jabri, Kritik der Arabischen Vernunft, 2009, erste Aufl. (Berlin: Perlen Verlag, 2009),57.

[43] ebd., 56.

[44] ebd., 58.

ihre ökonomischen und politischen Probleme zu lösen[45] Sie zitiert dabei eine Studie vom Gallup Institut von 2005, die 8000 Frauen von acht verschiedenen muslimischen Ländern umfasste: „It is particularly interesting to know that an overwhelming majority of the women surveyed think that the most positive aspect of their society is its attachment to moral and spiritual values"[46]. Es ist deshalb wichtig, dass der islamische Feminismus die Modernisierung der islamischen Welt aus islamischen Normen und Werten zieht, weil eine überwältigende Mehrheit der befragten Frauen denken, dass der positivste Aspekt ihrer Gesellschaft ihre Verbundenheit mit moralischen und spirituellen Werten ist.

3.2 Einführung in die Begriffsklärungen des islamischen Feminismus

Islamkritiker*innen hierzulande haben oft die Ansicht, dass Feminismus und Islam per se verschieden und auf keinen Fall vereinbar sind. Viele vertreten die Meinung, dass Islam bzw. Muslim*innen keine Demokrat*innen sein könnten oder sie sich nicht für die Menschenrechte und Feminismus einsetzen könnten, weil „[...] ihnen dies Ihr Glauben verbiete"[47].

---

[45] vgl. Yassine (2009), S.311-312.

[46] ebd., 312.

[47] Katajun Amirpur, „Islamischer Feminismus: Kritik und Inhalt eines Konzepts," in *Unbeschreiblich Weiblich? Neue Fragestellung zur Geschlechterdifferenz in den Religionen*, hrsg. Christine Gerber, Silke Petersen, Wolfram Weiße, 195-213 (Berlin: LIT Verlag, 2011), 195.

Im folgenden Abschnitt wird eine kurze Einführung in den Begriff des „islamischen Feminismus"[48] und den dazugehörenden Subbegriffen gegeben, insofern sie die für diese Art der Frauenbewegung relevant scheinen.

In den 1990er Jahren erschien der Begriff des islamischen Feminismus in verschiedenen Regionen der Welt. Dieser Ausdruck kam zum ersten Mal in der teheranischen Frauenzeitschrift *Zanan* in die Öffentlichkeit, welche von Shala Sherkat[49] gegründet worden war. In dieser Zeitschrift erläuterten die iranischen Forscherinnen Ziba Mir-Hosseini und Afsaneh Najmabadi den Aufstieg und die Verwendung des Begriffs. 1996 wurde „islamischer Feminismus" in den Artikeln der türkischen Forscherinnen Feride Acar und Yesim Arat[50] benutzt, bald darauf auch von der saudi-arabischen Forscherin Mai Yamani in ihrem Buch „Feminism and Islam" verwendet[51].

---

[48] Margot Badran, Islamischer Feminismus, " in *Islamische Feminismen, Passagen Thema, hrsg. Von Peter Engelmann,* 203-209 (Wien: Passagen Verlag, 2014), 39.

[49] Shahla Sherkat, ist eine prominente iranische Autorin, Journalistin und Herausgeberin der Zeitschrift „Zanan" (Frauen). Sherkat studierte Psychologie und machte ihren Master in Frauenstudien. Sie war eine der Vorkämpferin der Gleichstellung von Frauen seit Gründung der islamischen Republik.

[50] Feminism and Islam und Feride Acar, Women in the Ideology of Islamic Revivalism in Turkey.

[51] Margot Badran, Islamischer Feminismus, " 41.

3.3 Was ist islamischer Feminismus?

Die Theoretikerin des islamischen Feminismus und eine seiner prominentesten Akteurinnen Margot Badran beantwortet die Frage und gibt eine kurze Definition:

> „Islamischer Feminismus [...] ist ein feministischer Diskurs und eine feministische Praxis, die sich innerhalb eines islamischen Paradigmas artikulieren. Der Islamische Feminismus, der sein Verständnis und sein Mandant vom Koran herleitet, fordert Rechte und Gerechtigkeit für Frauen - und für Männer - in ihrer gesamten Existenz ein"[52].

Die Nahostforscherin Miriam Cooke hebt dabei hervor, dass die islamischen Feminist*innen somit eine fundamentale Kritik an den vorwiegenden hermeneutischen Positionen im islamischen Diskurs anbringen. Sie bemühen sich, durch eine Neuinterpretierung von Koran und Sunna für die Gleichwertigkeit der Geschlechter zu argumentieren und feministische Positionen herauszukristallisieren. Wichtig ist aber, die doppelte Argumentationslinie zu artikulieren: Einerseits werden feministische Positionen islamisch begründet und patriarchalen und traditionellen islamischen Positionen gegenübergestellt. Andererseits wird versucht zu zeigen, dass bestimmte Auslegungen von Koran und Sunna nachweisen, dass sich durch den Islam die Gleichstellung von Mann und Frau begründen lässt[53]. An dieser Stelle

---

[52] ebd., 39.

[53] Cooke, Miriam, „Multiple Critique, Islamic Feminist Rhetorical Strategies," in *Postcolonialism, Feminism, and Religious*

definiert die Ethnologin Ziba Mir-Hosseini den islamischen Feminismus als „[...] einen Gender-Diskurs, der feministisch ist in seinen Bestrebungen und Forderungen, aber islamisch in seiner Sprache und seinen Quellen der Legitimation"[54]. Der Islam wird demnach als Weg zur Erreichung feministischer Ziele gesehen.

Zusammengefasst ist der islamische Feminismus das Streben nach Emanzipation der Frau innerhalb des islamischen Diskurses, welcher auf dem Koran und der Sunna basiert. [55].

3.4 Gender-Dschihad und *Idschtihād*

Für Wadud ist das wichtigste Grundprinzip, das sie als Ausgangpunkt nimmt, die Gleichheitsgedanken (für alle Lebewesen) im Koran aufzuspüren und sie für ihr Ziel, welches sie „Gender-Dschihad"[56] nennt, als Basis der Neuinterpretation des Korans zu verwenden. Ihr Engagement für Frauenrechte wird von islamischen Feminist*innen mit dem arabischen Wort „Dschihad"[57] bezeichnet, was so viel wie

---

Discourse, hrsg. Donaldson, Laura E.; Pui-Lan, Kwok, (New York, London, 2002), 145.

[54] Hosseini M. Ziba, „Muslim Women's Quest for Equality: Between Islamic Law and Feminism, "in *Critical Inquiry 32*, (2006): 640. https://www.jstor.org/stable/10.1086/508085

[55] Cooke, Miriam, „Multiple Critique, Islamic Feminist Rhetorical Strategies,",145.

[56] Siehe die Arbeiten von Wadud (2006), Barlas (2006, 2005, 2002), Mir-Hosseini (1999)

[57] Dschihad oder Jihad.

Bemühung oder Anstrengung bedeutet[58]. Dieser Begriff hat zwei Bedeutungen und zwei Ziele:

Zum einen wird Dschihad dem Gebrauch desselben Begriffs durch islamische Militanten entgegengestellt, die damit ihren Gewalttaten religiöse Legitimation verleihen wollen. Zum anderen verweisen islamische Feminist*innen auf die ursprüngliche Bedeutung des Dschihads und somit auf den Propheten Mohammed, der nach einem Verteidigungskampf zu seinen Gefährten gesagt haben soll: „Wir haben jetzt den kleinen Jihad hinter uns, nun beginnt der große Jihad[59]". Als seine Gefährten nachhakten, erklärte er: „Das ist der Jihad gegen dich selbst[60]" Dieser Hadith wird von den wichtigsten Religionsgelehrten als möglicherweise gefälscht bezeichnet. Dieser Überlieferung steht auch nicht in den als glaubwürdig angesehenen Hadith-sammlungen von Sahih Al-Bukhari und Sahih Muslim[61]. Interessanterweise wird er aber von den meisten islamistischen Feminist*innen als wahr aufgenommen, zu dem Masse, dass die islamisch-feministische Theorie oft darauf aufbaut. Andererseits werden manche Überlieferungen bewusst abgelehnt und für unecht erklärt. Mit dem grossen Dschihad wird gegen diskriminierende gesellschaftliche Strukturen gekämpft. Die deutsch-ägyptische Politikwissenschaftlerin und Frauenrechtlerin Hoda Salah beschreibt das Ziel von

---

[58] Salah Hoda, „Diskurse des islamischen Feminismus, „in *Gender Zeitschrift für Geschlecht, Kultur und Gesellschaft* 1, (2010): 48f. http://nbn-resolving.de/urn:nbn:de:0168-ssoar-394005

[59] Salah Hoda, „Diskurse des islamischen Feminismus, "49.

[60] ebd., 49

[61] ebd., 49

Feminist*innen, das sie durch den grossen Dschihad erreichen wollen, folgendermassen: Der grosse Dschihad, nämlich der Dschihad gegen sich selbst, wird Frauen wieder zu denjenigen Rechten zu verhelfen, die ihnen der Islam bereits vor 1400 Jahren zugestanden hatte. Auf der anderen Seite richtet sich der grosse Dschihad gegen die eigene Person bzw. gegen die eigenen Schwächen und Ängste. Dadurch bekommen islamische Feminist*innen die Kraft, sich aus der Gefangenschaft ihrer herkömmlichen frauenfeindlichen Traditionen zu befreien, ihre Religion neu zu erkennen und zu interpretieren. Sie treten also im Kleinen wie im Grossen für die Reform von Frauenrechten ein[62].

Damit der Koran als Legitimationsmittel verwendet werden kann, wird versucht, inner-islamische bzw. von islamischen Religionsgelehrten akzeptierte Begriffe zu Gunsten der Frauen nützlicher zu machen. *Idschtihād* ist so ein Begriff, welcher wortwörtlich Anstrengung bedeutet aber in weitesten Sinn heisst es die Bemühungen von qualifizierten islamischen Rechtsgelehrten (eines *Mudschtahid* [63]), die die Gesetze aus den religiösen Quellen abzuleiten, wenn diese nicht explizit sind. „Allgemeiner bezeichnet das Wort die reflexive und intellektuelle Bemühung, den Islam in seinem Kontext zu denken"[64].

---

[62] ebd., 49

[63] Ein islamischer Rechtsgelehrter, der die Befähigung zur selbständigen Urteilsbildung, zum *Idschtihād*, besitzt.

[64] Ali Zahra, „Glossar" in *Islamische Feminismen, Passagen Thema, hrsg. Von Peter Engelmann*, 211-213 (Wien: Passagen Verlag, 2014), 211.

Weil die islamischen Feminist*innen ihre Argumente aus dem Koran und der Sunna beziehen und sich dabei islamisch legitimierten Mitteln wie dem *Idschtihād* bedienen, verschaffen sie sich in der muslimischen Gesellschaft Raum und stellen gewisse Machtansprüche, die kaum zurückgewiesen werden können.

3.5 Begriffsgeschichte des *Idschtihād*

Es gibt im Koran keinerlei Hinweise darauf, ob der Koran durch *Idschtihād* interpretiert werden kann, oder je nach Situation individuell entschieden werden kann. Deswegen wird sowohl von islamischen Feminist*innen als auch von Reformist*innen üblicherweise zur Rechtfertigung ein Hadith angeführt. In dieser Überlieferung wird erzählt, dass als Mohammed seinen Gefährten Muʿādh ibn Dschabal nach Jemen senden wollte, ihn fragte, wie er sich verhalten werde, wenn er ein Urteil über eine Situation geben müsse. Darauf antwortete sein Gefährte, dass er sich zuerst am Koran orientiere. Für den Fall, dass er darin nichts finde, orientiere er sich an der Sunna des Propheten und als letztes, wenn die Antworten sich auch dort nicht finden lasse, wird er die Situation selber bewerten und sein eigenes Urteil bilden. Die Antwort von Muʿādh ibn Dschabal wurde dann von dem Propheten gebilligt. Obwohl auch dieser Hadith Lücken im *Isnad*[65] aufweist,[66] wird er trotzdem in der sunnitischen

---

[65] Der Isnād (arabisch إسناد ‚Stütze') ist die Kette der Überlieferer eines *Hadith*, die als Stütze für die Authentizität einer Aussage des Propheten Mohammed dient und diese stets einleitet.

[66] Abbas Poya, Anerkennung des Iğtihād - Legitimation der Toleranz, Möglichkeiten innerer und äusserer Toleranz im Islam am

Rechtstheorie (aber auch beim islamischen Feminismus) allgemein als normative Grundlage akzeptiert[67]. Daher wurde der Begriff *Idschtihād* in der islamischen Geschichte immer als Legitimationsmittel für Reformen benutzt. Das zeigt sich besonders im 19. und 20. Jahrhundert.

Beispiel der Iğtihād-Diskussion, 2003, erste Aufl. (Berlin: Klaus Schwarz Verlag, 2003) 50 f.

[67] Birgit Krawietz, *Hierarchie der Rechtsquellen im tradierten sunnitischen İslam,* 2002, erste Aufl. (Berlin: Duncker & Humblot, 2002) 208f.

4 Gegner*innen des islamischen Feminismus

Durch diesen geschichtlichen und theoretischen Hintergrund haben sich zwei Arten von Gruppen entwickelt, die sich streng gegen den islamischen Feminismus richten. Laut der Wirtschaftspädagogin und Vorstandsmitglied der Muslimischen Jugend Österreichs, Dudu Küçükgöl, definieren sich die Gruppen wie folgt[68]:

1. Die erste Gruppe, gemäss Küçükgöl, sind die Feminist*innen, die mit dem Hintergrund eines kolonialen Verständnisses denken, für alle Frauen zu sprechen und über sie Entscheidungen treffen zu dürfen. Dieser "white middle-class feminism" wurde in den 1990er Jahren vom „Third Wave Feminism als auch vom „Black Feminism" kritisiert. Die Vertreter*innen des white middle-class Feminismus vertreten nach Küçükgöl die Meinung, dass die Erfahrungen der Frauen, die der weißen Mittelklasse angehören auf alle Frauen der Welt angewandt werden können. Andererseits wird von ihnen dargelegt, dass die einzig relevante Kategorie der Diskriminierung für Frauen das Geschlecht ist. Daneben werden aber viele Frauen, die aufgrund des Glaubens, Hauptfarbe oder wegen der sozialen Herkunft und dadurch ganz andere Lebensbedingungen und Erfahrungen haben, vernachlässigt. Dieser Haltung wird von Küçükgöl wie folgt kritisiert:

„Anstatt sich mit marginalisierten Frauen zu solidarisieren, stehen diese Feministinnen meist in einer Linie mit rechtpopulistischen

---

68 Dudu Kücükgöl, „Brauchen wir einen muslimischen Feminismus?" in *Mehr Kopf als Tuch,* hrsg. Amani Abuzahra, 81-102 (Innsbruck-Wien: Tyrolia Verlag, 2017) 98.

PolitikerInnen und merken nicht, dass sie in ihrer Arroganz Frauen schaden, die ohnehin mehrfach diskriminiert werden"[69].

2. Die traditionellen Muslim*innen bilden die zweite Gruppe, die sich stark gegen die selbstbestimmten und unabhängigen Frauen wehren. Für diese Gruppe ist der Begriff Feminismus negativ konnotiert. Feminismus wird dabei als „übel des Westens"[70], der eine familien- und islamfeindliche Perspektive und Zielvorstellung bietet, betrachtet. Als Grund dafür sehen sie die über Jahrhunderte andauernde kolonial geprägte Missachtung ihrer Normen, Werte, Kultur und Religion. Küçükgöl erzählt dazu:

> „Diese Einstellung habe ich als eine Reaktion auf die ideologischen Folgen des (Post-) Kolonialismus erlebt. Denn schon vor Jahrhunderten wurde die ‚Befreiung der muslimischen Frau'
> zur Legitimation gewalttätiger oder politischer Interventionen herangezogen"[71].

Als Beispiel dafür erwähnt sie die französische Besatzung in Algerien, die britische Kolonialherrschaft in Ägypten und die Befreiung der afghanischen Frauen im Zuge des völkerrechtlichen Angriffs der USA[72]. Deswegen nennen die meisten Muslim*innen ihre Bemühungen für die Geschlechtergleichheit nicht Feminismus, da er historisch

---

[69] Küçükgöl, „Brauchen wir einen muslimischen Feminismus?"98.
[70] ebd. 98.
[71] ebd. 98.
[72] ebd. 98f.

gesehen als ein Instrument des Westens bzw. der Kolonialherrschaft, wahrgenommen wird.

"Colonialism's use of feminism to promote the culture of the colonizers and undermine native culture has ever since imported feminism in non-western societies the taint of having served as an instrument of colonial domination"[73]. Der Feminismus wurde von der Kolonialherrschaft für seine eigene Zwecke benutzt und zum Eigenprofit und -interesse missbraucht.

Emanzipation und die Befreiung der muslimischen Frau wurde während der Kolonisierung als zentrales Argument benutzt, und „dieser koloniale Feminismus hat als Grundlage für den Anspruch gedient, die die 'muslimische Welt' zu zivilisieren,"[74]. Edward Saids Arbeit, „Orientalismus" und das von Fanon verfasst Werk „Schlacht um den Schleier" liefert relevantes Wissen über dieses koloniale Feminismusverständnis und zeigt den Grund für die negativen Einstellungen oder Stigmatisierungen der meisten muslimischen Frauen.

---

[73] Ahmed, Leila, *Women and Gender in Islam, Historical Roots of a Modern Debate,* 1992 erste Aufl. (New Haven, London: Yale University Press,1992). 94.

[74] Ali, „Schluss: Den Feminismus entkolonialisieren und erneuern," 211, 213.

5 Fundamentalismus

5.1 Fundamentalismus im arabischen Islam

Bevor die hermeneutische Leseart des islamischen Feminismus theoretisch und anhand von Beispielen erläutert wird, ist es hilfreich zu wissen, in welcher allgemeinen islamischen Gedankenwelt sie ihre neue Art der Koranlesung entwickelt haben und wie sie dadurch herauskristallisierte Argumente hervorheben.

Alle monotheistisch-semitischen Religionen haben den gleichen Ursprung und die gleichen fundamentalistischen Gedanken, schreibt der syrische Philosoph, Universitätsprofessor und Menschenrechtsaktivist Sadik J. Al-Azm in seinem Buch „Unbehagen in der Moderne"[75].

Das meiste arabische Denken und besonders fundamentalistische Learten sind in der Vergangenheit zentriert, deshalb sind diese nicht offen für Erneuerungen und Reformation. Das heisst, die Vergangenheit nimmt die Stelle der Gegenwart ein, weil diese vergangenheitsorientierte Denkart nur ein Ziel hat: „Wie kann unsere Tradition widerbelebt werden und wie kann die Grösse unserer Zivilisation wiedererlangt werden?"[76]. Nicht nur fundamentalistische Lesearten, sondern auch das „[...] gesamte moderne und zeitgenössische arabische Denken zeichnet sich durch den Mangel an einer historischen

---

[75] Sadik J. Al- Azm, *Unbehagen in der Moderne*, 1993, erste Aufl. (Frankfurt am Main: Fischer Taschenbuch Verlag, 1993), 77.

[76] Al-Jabri, *Kritik der Arabischen Vernunft*, 65.

Perspektive und an Objektivität aus[77]. Weil eine ahistorische Denk- und Leseart im arabischen und im islamischen Denken besteht, wird alles abgelehnt, was von Europa bzw. von der christlichen und jüdischen Welt kommt. Dabei wird vergessen, dass besonders semitische Religionen gemeinsame Ursprünge mit dem Islam haben[78]. Nicht nur die Ansichten der christlichen und jüdischen Welt werden abgelehnt, sondern auch die Reformbewegungen und Ideen von Muslim*innen ohne arabischen Ursprung, werden missachtet, da der ursprünglich auf Arabisch erschienene Koran nur von Arabern verstanden werden kann. Das hängt damit zusammen, „dass es vielen Arabern bis heute an Vertrauen in die Fähigkeiten nicht-arabischer Denker und Intellektueller mangelt". Auch deshalb wurden über Jahrhunderte die grossen persischen Religionsgelehrten Tabarri (839-923) und Zamakhshari (1075-1144), die innerhalb der koranischen Wissenschaften die bedeutendsten waren, abgelehnt oder ignoriert. Sogar im 20. Jahrhundert wurde beispielsweise der pakistanische Gelehrte Fazlur Rahman sowohl von den Arabern als auch interessanterweise von der deutschen Islamwissenschaft nicht rezipiert[79]. „Der Einfluss nicht-arabischer Gelehrter ist somit eingeschränkt, obwohl gerade von ihnen heute die innovativsten Ansätze islamischen Denkens ausgehen, wie Abu Zaid einmal selbstkritisch feststellte,"[80] und meinte

---

[77] ebd.80.

[78] Al- Azm, *Unbehagen in der Moderne*, 79.

[79] Amirpur, *Den İslam neu denken*, 95.

[80] ebd., 95.

dass, neue Ideen und neue Lesearten nicht von der arabisch-islamischen Welt kommen, sondern von der Peripherie[81].

Es ist zentral, dass die arabisch zeitgenössische Denkart sich von der Tradition löst, denn „die einzige Leseart, die Tradition anbietet, ist eine fundamentalistische, die die Vergangenheit transzendiert, sie sakralisiert und versucht, aus ihr bereits fertige Lösungen für die Probleme der Gegenwart und der Zukunft zu entnehmen"[82]. Die Erneuerung der arabischen Vernunft sei nur möglich, wenn eine Infragestellung des Alten mit einer tiefgreifenden Selbstkritik geführt würde[83]. Deshalb sollte gemäss Al-Jabri die arabische Kultur beginnen, sich selbst zu kritisieren und ihren eigenen Weg zur Moderne zu finden.

5.2 Tradition des Islams?

Hier soll eine zentrale Frage beantwortet werden: Ist die Unveränderbarkeit in den islamisch-religiösen Gesellschaften und Gemeinschaften eine Forderung der islamischen Theologie oder eine Absicherung der Macht des Patriarchats? Oder wirken beide zusammen? Es ist hier deutlich zu sehen, dass die islamische Kultur und die patriarchale Gemeinschaft nicht voneinander getrennt werden können, weil beide sich ergänzen und rechtfertigen. Die Normen und Werte, die die Gesellschaft befolgt, werden immer mit dem Koran aber auch mit der Sunna und den Hadithen legitimiert. Und diese Normen sind

---

81 ebd., 114.

82 Al-Jabri, *Kritik der Arabischen Vernunft*, 80.

83 ebd., 81.

nicht veränderbar, weil der islamische Prophet sich selbst als Siegel der Propheten bezeichnet hat: Er sei der letzte Prophet von Abrahams Tradition und nach ihm würde kein Prophet mehr kommen. Somit ist der Koran die letzte Offenbarung Gottes und nicht veränderbar[84]. Das bedeutet für die islamische Gesellschaft, dass sie alles im Koran akzeptieren muss, egal was im Koran steht, wenn sie sich mit der Religion verbunden sieht. Ein Veränderungs- oder Reformationsprozess ist in der Gegenwart nicht möglich, weil solche Bewegungen von der islamischen Theologie als Abfall vom Glauben bezeichnet werden und im schlimmsten Fall mit der Todesstrafe zu bestrafen sind.[85]. Die Vorstellung, dass der Islam keine Reformation braucht, sondern die Muslim*innen, ist deshalb nicht realistisch, weil die Unveränderbarkeit der Normen und Werte im Koran mit der islamischen Theologie untrennbar verbunden ist. In der islamischen Welt wird die Tradition der patriarchalisch-islamischen Kultur durch die islamische Religion „versiegelt[86]. In dieser Weltanschauung sind Staat und Religion untrennbar und eins: Religion und Staat haben Einfluss aufeinander und islamische Normen und auf die Vergangenheit zentrierte Werte werden durch den Staat mit Gesetzen legitimiert. Die Tradition und Religion werden mit der Erziehung der Familie und dem Staat weitergegeben; der Vater ist Besitzer, Beschützer und Versorger der Mutter, der „ [...] Gehorsam verlangt und grenzenlos grausam sein kann, wenn die Mutter nicht gehorsam ist"[87]. Die

---

84 Charlier, „Der muslimische Mann," 76-80.

85 Al- Azm, Unbehagen in der Moderne, 79-80.

86 Charlier, „Der muslimische Mann," 76-80.

87 ebd., 76-80.

Gehorsamkeit der Mutter und Hegemonie des Vaters zeigt, wie die Rollenverteilung zwischen Mann und eine Frau zu sein hat. Die Anerkennung und Liebe der islamisch- arabischen Gesellschaft wird nur erworben, wenn die Person auf seine Individualität und Veränderbarkeit verzichtet, sich an die religiösen Regeln hält und die von der Tradition bestimmten Wünsche erfüllt. Soziologe Ulrich Oeverman betrachtet den Islam in seiner Analyse im Bezug auf das Modernisierungspotential folgendermassen: Der Islam ist eine Gehorsamsreligion, die eine Hemmung von Autonomisierung und Individualisierung zugunsten der Konformität mit der Gemeinschaft beinhaltet[88].

---

[88] ebd., 78.

6 Hermeneutik des islamischen Feminismus

Wegen dem erwähnten fundamentalistisch geprägten Teil der islamischen Welt, waren westlich orientierte Feminist*innen überzeugt, dass die Religion selber, im Bezug auf die Gleichheit der Geschlechter, ein Problem ist. Die muslimischen Frauen mussten bei dieser Debatte eine Entscheidung treffen: „Entweder dem Islam treu zu sein oder sich mit den Menschenrechten zu identifizieren. Dieser Zwiespalt war für viele Frauen nicht aufzulösen"[89] Die dafür entwickelte Lösung von Wadud lautet folgendermassen:

> „Es hat eine Zeit lang gedauert, bis wir in der Lage waren, die Vereinbarkeit von Islam und den Menschenrechten klar zu formulieren. Dass beides geht, am Islam festzuhalten und sich mit den Menschenrechten zu identifizieren, basiert auf dem Bewusstsein einer nationalen Identität und der Überzeugung, dass wir Frauen unseren eigenen Beitrag leisten müssen, den Islam zu interpretieren. Das heißt, eben auch mitzuwirken beim Auslegen islamischer Textquellen. In der Tat werden wir sehr oft missverstanden. Entweder man steckt uns in die Ecke der Islamisten oder man unterstellt uns säkulare Tendenzen"[90].

---

[89] Wadud, 2011:"Das ist islamischer Feminismus":
https://www.taz.de/Archiv-Suche/!5114025&s=amina%2Bwadud/

[90] ebd.

In Ihrem Buch „Feminism in Islam" schrieb Margot Badran, dass sich mit den Grundlagen des Islam zu beschäftigen, eine Priorität des islamischen Feminismus sei, weil sich die Gleichstellung aller Geschlechter aus dem Leben des Propheten und aus dem Koran ableiten liesse. Nach Badran wurde die Idee der Gleichstellung im Islam im Laufe der Zeit behindert und von männlichen Gelehrten zugunsten der Männer interpretiert. Laut Badran war die im 19. Jahrhundert konsolidierte *Fiqh* „selbst tief von den patriarchalen Denk-und Verhaltensweisen ihrer Zeit durgedrungen". Deshalb wurden die Hadithe,, der Koran, aber auch islamische Rechtsgrundlagen, die mit den Frauen in Bezug stehen, von den weiblichen Gelehrten mit einem kritischen weiblichen Blick nochmals gedacht und interpretiert[91]. Im Unterschied zu säkularen Feministinnen wie Fatima Mernissi und Nawal el-Saadawi, konzertieren sich die islamischen Feminist*innen wie die Konvertitin Amina Wadud (die sich selber aber nicht als islamische Feministin bezeichnet) in ihrer wissenschaftlichen Arbeit weniger auf die Sunna sondern in erster Linie auf den Koran, weil er als der erste autoritative Referenzpunkt aller Muslime gilt"[92]. Der Koran ist deshalb die wichtigste Quelle, für die wissenschaftliche Recherche, weil andere narrative Quellen über Worte und Taten von Mohammed schwer verifizierbar sind. Sie werden oft verwendet, „um die Vorstellungen und Praktiken des Patriarchats zu unterstützen[93]. Deswegen bildet der Koran ihr wichtigstes Mittel, um die feste

---

91   Badran, „Islamischer Feminismus," 46.

92   Amirpur, *Den Islam neu denken*, 120.

93   Badran, „Islamischer Feminismus," 46.

Meinungen von Muslim*innen über die Frauen durchzubrechen, herauszufordern und zu reformieren[94].

Im islamischen Feminismus werden drei hermeneutische Ansätze verwendet, welche Badran folgendermassen beschreibt:

1. Die Überprüfung von Koranversen, um falsche Überlieferungen, Erzählungen und Geschichten zu korrigieren.

2. Geschlechtsspezifische Koranverse hervorheben, die die Gleichstellung von Frauen und Männern unterstreichen.

3. Koranverse, die sich mit den Unterschieden zwischen den Geschlechtern befassen und die patriarchale Vorherrschaft und Überlegenheit rechtfertigen und legitimieren, zu dekonstruieren[95].

Nach Wadud ist der Koran ein Geschichtstext. Deshalb soll die Botschaft des Korans im Zusammenhang mit dem sozialen und historischen Kontext verstanden, erklärt und interpretiert werden[96].

Durch ein Beispiel wird klarer, wie sie ein Koranvers interpretiert und neu betrachten werden kann:

---

94 Amirpur, *Den Islam neu denken*, 120.

95 Badran, „Islamischer Feminismus," 48.

96 Amirpur, *Den İslam neu denken*, 142.

6.1 Beispiel

Betrachten wir den Koranvers 4:34 von zwei unterschiedlichen Koranübersetzungen. Die Koranübersetzung von Ruedi Paret, die sich an der traditionellen Exegese orientiert, lautet wie folgt[97]:

> „Die Männer stehen über den Frauen (ar-riǧālu qauwāmūn ʿalā n-nisāʾ), weil Gott sie (von Natur aus vor diesen) ausgezeichnet hat und wegen der Ausgaben, die sie von ihrem Vermögen (als Morgengabe für die Frauen?) gemacht haben. Und die rechtschaffenen Frauen sind (Gott) demütig ergeben und geben Acht auf das, was (den Außenstehenden) verborgen ist, weil Gott (darauf) Acht gibt (d.h. weil Gott darum besorgt ist, dass es nicht an die Öffentlichkeit kommt). Und wenn ihr fürchtet, dass (irgendwelche) Frauen sich auflehnen (nušūz), dann vermahnt sie, meidet sie im Ehebett und schlagt sie (wa-ḍribū-hunna)! Wenn Sie euch (daraufhin wieder) gehorchen, dann unternehmt (weiter) nichts gegen sie! Gott ist erhaben und groß"[98].

Hartmut Bobzin übersetzt denselben Koranvers etwas anders als Paret, was sich besonders beim ersten Ausdruck bemerkbar macht:

> „Die Männer stehen für die Frauen ein (ar-riǧālu qauwāmūn ʿalā n-nisāʾ), deshalb, weil Gott den einen von ihnen den Vorzug vor den anderen gewährte und weil sie etwas von ihrem Vermögen aufgewendet haben. Die frommen Frauen sind

---

[97] In den Klammern stehen die arabischen Schlüsselbegriffe.

[98] Paret, Rudi, Der Koran,1983, dritte Aufl. (Stuttgart: Verlag W. Kohlhammer:1983), Koranverse: 4:34.

demütig ergeben, hüten das Verborgene, weil auch Gott es hütet. Die aber, deren Widerspenstigkeit (nušūz) ihr befürchtet, die ermahnt, haltet euch fern von ihnen auf dem Lager, und schlagt sie (wa-ḍribū-hunna). Wenn sie euch gehorchen, dann unternehmt nichts weiter gegen sie. Gott ist hoch erhaben und groß"[99].

Margot Badran bevorzugt nicht die Übersetzung von Paret, sondern vertritt die neue Islam-feministische Leseart, die mit der Interpretation von Amina Wadud oder derjenigen Übersetzung von Bobzin einhergehen: „Die Männer sind verantwortlich für (qawwamuna ʿala) die Frauen, weil Gott den einen mehr gegeben hat als den anderen (bima faddala), und weil sie aus ihren Mitteln sie ernähren"[100]. Diese Verse werden vom islamischen Feminismus sowohl sprachlich als auch im Kontext folgenderweise interpretiert: Frauen und Männer sind grundsätzlich gleich, aber sie sind von Gott biologisch unterschiedlich geschaffen, um den Fortbestand der Spezies zu ermöglichen. Laut islamischer Feminist*innen wie Wadud und Bardot ist dieser Koranvers nur gültig, wenn die Frauen gebären und stillen, „deshalb gebietet der Koran dem Ehemann unter diesen besonderen Umständen, materielle Unterstützung zu leisten"[101].

---

[99] Bobzin Hartmut, 2017, Der Koran, erste Auflage, (München: C.H.Beck 2017),   Koranverse: 4.34.

[100] Badran, „Islamischer Feminismus," 48.

[101] Badran, „Islamischer Feminismus," 48. (vgl. Quran and Woman 1999)

Hier wird ersichtlich, dass je nach Auslegung andere Schlussfolgerungen gezogen werden können. Die Interpretationen von Wadud und Badran, die eine Bedingung (Gebären und Stillen) an die Gültigkeit dieser Koranverse stellen, stehen nicht im Koran, den sie als Basis nehmen. Diese Bedingungen gibt es bei den Übersetzungen von Paret und Bobzin nicht, die sich sowohl sprachwissenschaftlich als auch historische mit dem Koran auseinandergesetzt haben. Es bleibt ein Konstrukt des islamischen Feminismus, die auch zum Irrtum führen kann. Wadud, Hassan, Al Hibri, Naseef, interpretieren den Begriff *qawwamuna 'ala* und zeigen, „dass qawwamuna 'ala die Vorstellung der Fürsorge vermittelt, und präskriptiv verwendet wird, um zu zeigen, dass die Männer während der Geburt und Erziehung der Kinder für die Frauen zu sorgen haben"[102]. Weiter ergänzen sie, dass dies aber nicht notwendigerweise bedeutet, dass die Frauen unter solchen Umständen nicht für sich selbst sorgen können. Der Ausdruck *qawwamuna 'ala* darf nicht pauschal über alle Frauen zu allen Zeiten als bedingungslose Feststellung der männlichen Dominanz, Autorität und Überlegenheit verstanden werden, wie es von den traditionellen männlichen Gelehrten und Interpreten gemacht wurde.

Mit dieser neueren Leseart zeigen die weiblichen Exegetinnen also, wie die klassischen männlichen Interpretationen das Spezifische und Kontingente in universelle Prinzipien umgewandelt haben und wie die islamischen Feminist*innen ihr Ziel zu erreichen versuchen. Die Koranverse können aber nicht immer so frei interpretiert werden, wie es sich vielleicht gewünscht wird.

---

[102] ebd., 48.

6.2 Probleme des Islamischen Feminismus

6.2.1 Beispiele

Wenn wir den Koranvers, den wir oben betrachtet haben, genauer anschauen, wird klar, dass der erwähnte Koranvers das Schlagen von Frauen legitimiert. Beide Koranübersetzer einigen sich mit dem Begriff „schlagt sie": haltet euch Fern von ihnen (den Ehefrauen) oder vermahnt sie im Ehebett und schlagt sie (wa-ḍribū-hunna), wenn sie weiterhin nicht gehorsam werden. Sowohl im historischen Kontext als auch in sprachwissenschaftlichen Arbeiten ist ersichtlich, dass das „schlagt sie" wirklich schlagen bedeutet und nicht anders interpretiert werden kann. Hier beginnt das Problem des islamischen Feminismus, die die Freiheit der Frauen unbedingt mit dem Koran legitimieren wollen oder zeigen möchten, dass der Koran eigentlich die Freiheit der Frauen gewähren würde, wenn es die männliche Interpretation nicht verhinderte. Hier soll eine wichtige Frage gestellt werden: Wenn der Koran trotz Versuchen nicht zu Gunsten der Frauen ausgelegt werden kann, müssen die Frauen das trotzdem akzeptieren, weil es in Koran steht? Sollte es beispielsweise akzeptiert werden, dass die Männer ihre Frauen schlagen dürfen, weil es im Koran steht? Hier spielen die säkularen Feminist*innen und die muslimischen Feminist*innen eine grosse Rolle, weil sie sich nicht unbedingt von diesen Koranversen abhängig machen, und nicht alles bedingungslos akzeptieren, nur weil es im Koran steht.

Diese Frage wird von der säkularen Feministin Al-Sonbati folgenderweise beantwortet:

Auch Religionen sollen die allgemeinen Menschenrechte respektieren und sich an unsere Gegenwart anpassen, indem sie unpassende und veraltete Verse ignorieren. So reagiert Jasmin al-Sonbati in einem Interview auf das Thema des Schlagens der Ehefrau im Koran folgendermassen: „Das muss abgelehnt werden, weil es ein Straftatbestand ist. Auch jegliche Verstösse gegen Menschenrechte sind durch nichts zu rechtfertigen"[103]. Die Annahme, dass der Koran unveränderbar und unantastbar sei, stellt ein grosses Problem für die Erneuerung und für den innerislamischen Dialog dar und erschwert die Diskussion. Laut Al-Sonbati sollte man sich von gewissen Versen verabschieden, weil sie an die Vergangenheit gebunden sind und „sie [heutzutage] nicht mehr sinnvoll sind, weil wir in unserer Zeit eine Verfassung dafür haben, in der die Rechte verbrieft sind"[104]. Es ist hier wichtig für die Historiker*innen, Rückschlüsse auf den Rechtskontext zu ziehen, um zu zeigen, unter welchen Bedingungen diese Verse bzw. Regeln entstanden sind. Nach Al-Sonbati ist eine der wichtigsten und zentralsten Frage für die innerislamische Diskussion, ob es im 21. Jahrhundert sinnvoll ist, zu berücksichtigen, wie der Prophet im 7. Jahrhundert gelebt hatte, „(...). Oder ob es nicht besser wäre, die Prinzipien des Islam wie die Barmherzigkeit und das Streben nach Gerechtigkeit herauszunehmen und im Alltag zu leben"[105].

---

[103] Al- Sonbati Jasmin, „Von gewissen Koranversen muss man sich verabschieden," *Der Landbote*, 04.11.2016, http://www.landbote.newsnetz.ch/schweiz/von-gewissen-koranversen-muss-man-sich-verabschieden/story/13248399?track

[104] Al- Sonbati Jasmin, „Von gewissen Koranversen muss man sich verabschieden,"

[105] ebd.

Auch Amina Wadud gibt zu, dass es manchmal sehr schwierig ist, die Koranverse gendergerecht zu interpretieren. Deshalb sagt sie Nein zu der Text-Sure 4:34, die den Männern Erlaubnis gebe, ihre Frauen zu schlagen, obwohl es dafür keine andere Interpretationsmöglichkeit gibt:

> „Ich persönlich bin auf Stellen gestoßen, wo das, was der Text sagt, einfach gänzlich unangemessen ist oder unakzeptabel, egal wieviel Interpretation man darauf verwendet"[106].

Auch das Thema Polygamie ist für islamische Feminist*innen schwer gendergerecht interpretierbar, wenn versucht wird, alles mit Koran legitimieren. Ein Blick auf das entsprechende Thema, wird uns behilflich sein. Im Koran steht es wie folgt:

> „Und wenn ihr fürchtet, in Sachen der (eurer Obhut anvertrauten weiblichen) Waisen nicht recht zu tun, dann heiratet, was euch an Frauen gut ansteht, (ein jeder) zwei, drei oder vier. Und wenn ihr fürchtet, (so viele) nicht gerecht zu behandeln, dann (nur) eine, oder was ihr (an Sklavinnen) besitzt! So könnt ihr am ehesten vermeiden, Unrecht zu tun"[107].

Das bedeutet nicht zwingendermassen, dass es nicht mehr als vier sein dürfen, weil Prophet Mohammed je nach Quellen mindestens neun Frauen hatte. Von diesen neun Frauen waren fünf offiziell und

---

[106] Wadud Amina. *Inside the Gender Jihad: Women's Reform in İslam*, 2007.erste Aufl. (New York: Oxford 2007), 192.

[107] Paret, Der Koran, 4.3.

vier oder sieben inoffiziell[108]. Es ist nicht Aufgabe dieser Arbeit, zu erläutern, warum Mohammed so viele Frauen hatte, sondern zu zeigen, dass der Koran die Polygamie (zu Gunsten der Männer) nicht abgeschafft hat. Der liberal-islamische Denker Fazlur Rahman[109] (1919-1988) hat Polygamie in Koran im historischen Kontext folgenderweise erläutert: Der Koran hat die Monogamie als Ideal postuliert, aber gleichzeitig hat er sich an die im 7. Jahrhundert bestehenden Normen und Verhältnisse angepasst und deshalb wurde Polygamie weiterhin erlaubt. Er fügt hinzu, dass die Gesetzgebung keinen Ewigkeitsanspruch hatte, sondern ein Referenzpunkt der damals existierenden Gesellschaft war. Nach ihm muss Polygamie heutzutage nicht praktiziert werden: Es soll abgelehnt werden, weil es nicht einen normativen, sondern deskriptiven Charakter hat: Gleich wie *hadd*-Strafen wie das oftmals zitierte Abhacken der Hand oder das Familienrecht, die ebenfalls im Koran stehen[110]. Das beantwortet aber immer noch nicht die Frage, warum Mohammed als Vorbild der Gesellschaft und als Prophet des Islam selber in Polygamie lebte, wenn der Koran und Mohammed eigentlich Monogamie gepredigt hatte, wie Fazlur Rahman behauptete.

---

[108] Al Qurtubi (1214-1272) war ein islamischer Gelehrter aus Andalusien, der von der Tradition von malikitischen Rechtschule war. Al Qurtubi, *al-Ğāmiʿ li-aḥkām al-qurʾān*, erste Auf. (Bayrūt: Dār iḥyāʾ at-turāt al-ʿarabī, 1985), 124112243. Original Ausgabe des Buches wurde ca. zwischen 1334-1265(sic!) geschrieben.

[109] Fazlur Rahman war ein pakistanischer Philosoph und liberaler islamischer Denker und Reformer, der von 1969 bis zu seinem Tod als Hochschullehrer an der University of Chicago tätig war.

[110] Amirpur, *Den İslam neu denken*, 101.

Auch der indische Gelehrte Asghar Ali Engineer, der in Mumbai am Institute of Islamic Studies lehrt und 2004 mit dem Nobelpreis geehrt wurde, denkt in sehr vielen Punkten wie Rahman. Insbesondere hat sich Engineer mit der historischen Kontextualisierung islamischer Werte, Normen und Lebensbedingungen beschäftigt. Er beschreibt die Frauen zu Lebzeiten von Mohammed als sozial schwach und abhängig und deshalb einen besonderen Schutz bedürftig, den der Islam ermöglicht hatte. Laut Engineer sind solche Koranverse, die beispielweise von der Führerschaft des Mannes in der Familie berichten, nicht mehr relevant, da Frauen heute Zugang zu Bildung haben, sie sind berufstätig und nehmen soziale und politische Ämter wahr. Aufgrund dieser Veränderung der Lebensbedingungen, kann der Anspruch der Männer auf Dominanz nicht mehr gerechtfertigt werden. Hier schließt sich Asghar Ali Engineer an Amina Wadud an und meint, dass es alles letztlich nur um eines gehe: um „Gleichheit und Gerechtigkeit"[111].

Sowohl Abu Zaid als auch der iranische Reformerphilosoph und schiitische Theologe Mohammed Modschtahid Shabestari argumentieren, „dass der Koran als Produkt seiner Kultur verstanden werden muss und somit wie ein ganz normaler historischer Text behandelt werden kann [...]"[112].Shabestari fasste seine Interpretation wie folgt zusammen: „Die Verordnungen wurden keineswegs für alle

---

[111] Schröter Susanne, Welche Chancen hat der islamische Feminismus?", *Frankfurter Allgemeine*, www.faz.net/aktuell/feuilleton/debatten/frauen-im-islam-welche-chancen-hat-der-islamische-feminismus-11536377-p2.html.

[112] Amirpur, *Den İslam neu denken*, 237.

Gesellschaften und alle Zeiten erlassen"[113]. Durch diese Perspektive kann gesagt werden, dass die damaligen Massnahmen als zu ihrer Zeit und Kultur gehörend betrachtet werden sollen, und heute nicht mehr diese Relevanz besitzen.

6.3 Kritik am Ziel des islamischen Feminismus

Neben den Gegner*innen des islamischen Feminismus gibt es auch die Reformdenker*innen, die nicht direkt Kritik gegen sie, an ihrem Konzept äussern. Nach Auffassung der Direktorin des Instituts für Frauen und Gender-Forschung, Shahrzad Mojad, ist der islamische Feminismus keine ernsthafte Herausforderung für das Patriarchat. Dieses Konzept ist für Mojad noch Meilen von Säkularismus, Demokratie und auch von Unabhängigkeit entfernt[114]. Sie nennt dieses Konzept nicht als eine Bewegung wahr, die wirklich zu Emanzipation der Frauen in der islamischen Welt führt, sondern als einen mittleren oder dritten Weg[115]. Diese Bewegung sei nach Amirpur auch ein Kompromiss mit dem Patriarchat und nicht eine wirkliche Emanzipationsbewegung[116]. Es ist durchaus möglich, dass dieser Weg von

---

[113] ebd., 239.

[114] Amirpur, „Islamischer Feminismus: Kritik und Inhalt eines Konzepts," 199.

[115] „Islamischer Feminismus als dritter Weg" ist eine Formulierung von Doris H. Gray: Gray, Doris H.: Feminism, Islamism and a Third Way. In: Maddy-Weitzman, Bruce; Zisenwine, Daniel: Contemporary Morocco. State, Politics and Society under Mohammed VI. New York 2013.

[116] Amirpur, „Islamischer Feminismus: Kritik und Inhalt eines Konzepts,"

der Gründergeneration als legitim (*Taqlid*[117]des *Fiqh*)[118] erachtet wird, weil es keine andere Möglichkeit gegeben hat, das patriarchale System durchzubrechen. Wenn der Iran als Beispiel genommen wird, wird dieses Argument nachvollziehbar: Der einzige Weg, durch den momentan im iranischen System eine Änderung erreicht werden kann, ist mit der Argumentation durch den Islam. Das heisst alle Argumentationen müssen sich auf die Religion berufen[119]. Deshalb äussern die islamischen Feminist*innen keine Kritik am Koran und dem Islam, weil sie nicht als „areligiös und verwestlichte Konterrevolutionäre [...] abgeschmettert"[120] werden möchten. Dieses Verhalten und die absolute Abhängigkeit von der Religion führt dazu, dass man Gerechtigkeit nur in Kontext des Korans wahrnimmt, wie es eigentlich von konservativen Islamisten vorgegeben wird. Diesen wird dadurch einen Gefallen getan. Die wortgetreue Auslegung gewisser Koranverse führt aber für islamische Feminist*innen zwangsläufig zu einem Konflikt, da wir heute in einer anderen Gesellschaftsstruktur leben.

---

[117] Taqlīd (Imitation, Nachahmung) ist ein terminus technicus des islamischen Rechts, wonach jeder Muslim verpflichtet ist, sein Tun nach derjenigen Rechtsschule zu richten, der er von Geburt an oder durch Beitritt angehört.

[118] Das islamische Recht und die Islamische Rechtslehre: Ali, *„Glossar,"* 211.

[119] Amirpur, „Islamischer Feminismus: Kritik und Inhalt eines Konzepts,"212.

[120] ebd., 212.

Grossayatollah Yusuf Sane'i[121], empfand eine Denkart, die versuchte, alles mit dem Koran zu legitimieren, obwohl es ungerecht ist, als konservativ und unakzeptabel:

> „Das ist ein großer Fehler, dass wir über etwas, das mit der Gerechtigkeit nicht in Einklang zu bringen ist, sagen, gut, dann stimmt es eben nicht überein; aber nun wo die Religion es gesagt hat, akzeptieren wir es. Wir müssen die Gesetze mit der Gerechtigkeit abwägen und schauen, ob sie sich mit der Gerechtigkeit vereinbaren lassen oder nicht. Sind sie ungerecht? Wenn sie ungerecht sind, müssen wir darüber nachdenken und eine Auffassung verkünden, die auf der Gerechtigkeit basiert"[122].

Ein anderer Kritikpunkt kam vom ägyptischen Koran- und Literaturwissenschaftler und Reformdenker Nasr Hamid Abu Zaid (1943-2010) an der Methode des islamischen Feminismus: Er stand dem Innovationspotential des *Idschtihād*-Konzepts kritisch gegenüber und äusserte sich folgendermassen:

> „Aber die große Hoffnung, die sich mit einem solchen Unternehmen verbindet, teile ich nicht. *Idschtihad* bedeutet nämlich definitionsgemäß nicht, etwas Neues in unser Verständnis von Religion zu bringen oder etwas wirklich zu erneuern. *Idschtihad* bedeutet eigentlich, innerhalb der Tradition unter

---

[121] Der 1937 geborene Sane'i eine der angesehensten Autoritäten des schiitischen Islams. Heute wird er den Reformern zugerechnet: Amirpur, „Islamischer Feminismus: Kritik und Inhalt eines Konzepts,"209.

[122] ebd.

den verschiedensten Ansichten zu einem Thema die geeignetste Lösung zu finden. Diese Suche nach Neuem ist immer noch darauf begrenzt, mit dem zu arbeiten, was sich innerhalb der traditionell gesteckten Grenzen finden lässt. Dabei nimmt *idschtihad* die Tradition als gegeben an und wendet sich dem zu, was unsere Vorfahren gesagt und gedacht und erreicht haben"[123].

Nach Abu Zaid müsse kritisches muslimisches Denken breiter angelegt sein und weiter gehen als *Idschtihād*.[124], wenn die gesamte Tradition einer kritischen Interpretation unterzogen werden solle. Mit der *Idschtihād* aber kann dies aber, laut Abu Zaid, nicht möglich sein, weil *Idschtihād* zu sehr an der Vorstellung des islamischen Rechts gebunden sei. Hier kritisiert Abu Zaid, die Methode der islamischen Feminist*innen, die sich nur mit islamischen Quellen legitimieren wollen, weil sie sich von der Tradition nicht ablösen können. Damit schliesst sich Abu Zaid an Al-Azm an: Mit dem *Idschtihād* muss man sich mit der vorgegebenen islamischen Tradition bzw. mit der Vergangenheit identifizieren, aber nicht erneuern, weil keine Kritik an der Religion selbst geäussert werden soll.

Eine weitere Kritik am islamischen Feminismus ist, dass es unter dem islamischen Feminismus sehr wenig radikale Islamfeminist*innen gibt, solche, die von Hoda Salah als säkular bezeichnet werden[125].

---

[123] Abu Zaid Nasr und Hamid, Sezgin Halil, *Mohammed und die Zeichen Gottes,* 2008, erste Aufl. (Freiburg i.Br, Basel [etc.]: Herder 2008), 198.

[124] Abu Zaid und Sezgin, *Mohammed und die Zeichen Gottes,* 198f.

[125] Salah Hoda, „Diskurse des islamischen Feminismus" 58.

Laut Einschätzung von Salah umfassen die Konservativen etwa 75 Prozent, die Liberalen 20 Prozent und die Radikalen höchstens etwa 5 Prozent der islamischen Feminist*innen[126]. Sie setzen sich aus Wissenschaftler*innen an religiösen Universitäten, wie z. B. Al-Azhar in Kairo und zu einem grösseren Teil auch aus säkularen Universitäten weltweit zusammen. Die Aktivist*innen der Muslimbruderschaft und andere islamische Organisationen und Richtungen nehmen ebenfalls an diesem Diskurs teil. Die Vertreter*innen dieses Diskurses bilden die Mehrheit der islamischen Feminist*innen. Hoda Salah bezeichnet diesen Diskurs als konservativ „[...] weil er sich an der Geschlechterrolle orientiert, wie sie den Vertreterinnen des konservativen Diskurses zufolge im Koran und in der Sunna des Propheten offenbart wurde – als unveränderbare göttliche Ordnung, die zu befolgen ist"[127]. Die Rolle der Familie spielt in diesem konservativen Diskurs eine zentrale Rolle. Das heisst, dass, was im Koran über die Familienstrukturen beschrieben ist, als unveränderbar angenommen werden muss und nicht infrage gestellt werden darf. Dies sollte eigentlich das wichtigste Thema des Diskurses darstellen, wenn die Geschlechtergleichheit ins Visier genommen wird. In dieser Auseinandersetzung wird aber betont, dass sich sowohl die Frauen als auch die Männer „mit ihren Rollen bzw. Aufgaben [nicht] konkurrieren"[128] und sich nicht nachahmen sollen. Die Aufgaben und Rollen der Geschlechter werden bei diesem Diskurs in einem komplementären Verhältnis

---

126 Salah Hoda, „Diskurse des islamischen Feminismus" 52(Fussnote).

127 Salah Hoda, „Diskurse des islamischen Feminismus" 52.

128 ebd., 52.

zueinander wahrgenommen: Sie ergänzen sich. Wie Mohammed gesagt haben soll: „Der Mann ist für seine Herde verantwortlich, und die Frau ist für ihre Herde verantwortlich (Al-Gazali 1990: 10; Al-Banna 1997: 95ff.)"[129].

In diesem Verständnis sind die primären Aufgaben von Frauen, ihre Rolle als Ehefrau und schützende Mutter zufriedenstellend zu erfüllen. Die Aufgabe des Mannes ist die Versorgung der Familie. Die Frauen können nur dann zusätzliche Aufgaben in der Öffentlichkeit annehmen, sich für das allgemeine Wohl engagieren oder durch geeignete Arbeit Geld verdienen, wenn sie ihre primären Rollen und Aufgaben erfüllen. In diesem Diskurs wird die Rolle und die Aufgabe der Frau nicht als Diskriminierung, sondern als Natur der Frau (als göttliche Ordnung) betrachtet. *Qiwama* (die Führerschaft des Mannes) „wird in dem Fall nicht als Gehorsamkeit der Frau gegenüber dem Ehemann interpretiert, sondern eher als dessen Verantwortung und Bürde gegenüber Frau und Familie (Al-Serf 1998: 77ff., Salah 2001)"[130]. Kurzum soll gesagt werden, dass, was die säkularen Feminist*innen (auch säkulare Islamfeminist*innen) unter Gleichberechtigung der Geschlechter verstehen, bei dem konservativen islamischen Feministen*innen nicht dasselbe ist. Deshalb können sich die säkularen - darunter ungefähr 5% Radikale und 20% teilweise liberale - islamische Feminist*innen in dieser Bewegung nicht gegenseitig finden. Dabei können sich diese Feminist*innen, die sich selbst als Muslim*innen und Feminist*innen betrachten und deren Argumente gegen Geschlechterungerechtigkeit nicht unbedingt islamisch

---

[129] ebd., 52.

[130] ebd., 52.

begründet sein müssen, auch auf weitere Grundlagen wie die internationale Konvention der Menschenrechte berufen. Islamische Feminist*innen, die mehrheitlich konservativ eingestuft werden, engagieren sich hingegen für die Gleichwertigkeit der komplementären Geschlechterrollen statt für Gleichberechtigung. Anstatt der Gleichheit der Geschlechter gilt hier das Prinzip der Komplementarität.

Sowohl konservative als auch liberale islamische Feminist*innen - obwohl liberale islamische Feminist*innen oft gute Ideen zur Reformation des Islam haben - argumentieren sehr oft, wie die konservativen islamischen Feminist*innen: Beide haben eine defensive Haltung zum Islam und halten sich zurück, wenn es um kritisches, wissenschaftliches und theologisches Hinterfragen geht. Wenn wir den Koranvers 4:34 den wir kurz behandelt haben nochmals anschauen, wird ersichtlich, wie sich die liberalen und konservativen islamischen Feministen*innen demgegenüber verhalten, und ob Feminismus oder Religion Vorrang hat. Es gibt apologetische Stimmen, die im Bezug auf diesen Koranverse sagen „dass das Schlagen in Koran lediglich das symbolische Schlagen bedeute und keine physische Gewalt beinhalte"[131]. Abu Zaid kritisierte diese Aussage, in dem er sagte, „dass im Koran die Rede von Schlagen ist und dies heiße auch schlagen und nichts Anderes. Da müsse man sehen, wie man damit umgehen solle"[132]. Radikale islamische Feminist*innen wie Abu Zaid, Esack oder Amina Wadud lehnen solche Texte im Koran ab, weil sie sich bei der Interpretation ratlos gegenüberstünden.

---

[131] Salah Hoda, „Diskurse des islamischen Feminismus" 58.
[132] ebd., 58.

Deswegen kritisieren sie konservative und liberale Islamfeminist*innen, weil sie „den Text zugunsten der Frauen zurechtbiegen und so
die Religion instrumentalisieren"[133].

---

[133] ebd., 58.

Fazit

In dieser Arbeit wurde die historische Entwicklung des Islamischen Feminismus und dessen methodisches Vorgehen bei der Neuinterpretation des Korans und Islams behandelt. Die Begriffe *Idschtihād* und Dschihad, die für die Legitimation des Neuinterpretation des Korans wichtig sind, wurden mit dem historischen Hintergrund erläutert. Wie in dieser Arbeit dargestellt wurde, wird der Begriff Feminismus besonders von traditionellen Muslimen*innen negativ konnotiert. Feminismus wird dabei als westliches Produkt betrachtet, das eine familien- und islamfeindliche Perspektive und Zielvorstellung verkörpert. Als Grund dafür sehen sie die über Jahrhunderte andauernde kolonial geprägte Missachtung ihrer Kultur, Normen, Werte und Religion an. Deswegen war der Islamische Feminismus auch eine Protestbewegung gegen Feministen*innen, die mit dem Hintergrund eines kolonialen Verständnisses denken. Eine Protestbewegung gegen einen Feminismus, der glaubt überlegen zu sein und für Frauen pauschal zu sprechen sowie über sie Entscheidungen treffen zu dürfen.

Muslime*innen, die sich zwischen westlichem Feminismus und patriarchalen Interpretation des Islams befanden, haben sich für einen Mittelweg, der Islamischer Feminismus genannt wird, entschieden. Damit sie nicht als unreligiös oder ungläubig abgestempelt werden, haben Islamische Feministen*innen ihre Argumente vom Koran, von der Sunna und je nach Situation von der durch Islamtheologen akzeptierten Hadithe entnommen. Sie nahmen eine derartige Haltung ein, um sich in der muslimischen Gesellschaft Raum zu verschaffen und um einen Machtanspruch auszuüben, der von den religiösen Autoritäten nicht zurückgewiesen werden konnte. Sie fingen deshalb an, sich islamisch legitimen Mitteln wie dem Dschihad und *Idschtihād* zu bedienen. Dadurch konnten sie Weltweit einen innerislamischen Gender-Diskurs gegen das Patriarchat führen aber auch Europa zeigen, dass der in einem Orientalismus und Islamismus dargestellten frauenfeindliche Islam, nicht ein wahrer Islam ist.

Bei der Untersuchung des Argumentes im *Idschtihād,* zeigte sich, dass dieser Begriff als religiöses Legitimationsmittel für einen Islamischen Feminismus, bzw. für die Neuinterpretation des Korans als Argument verwendet werden kann. Dadurch konnten Islamische Feminist*innen mit den religiösen Institutionen eine Debatte über Gleichheit der Geschlechter führen. Laut dem ägyptischen Koran- und Literaturwissenschaftler Abu Zaid, kann der *Idschtihād* jedoch nicht wirklich Geschlechtergleichheit schaffen, weil *Idschtihād* die Tradition als gegeben annimmt und sich dem zuwendet, was die Vorfahren des Islams, wie bspw. Mohammed und seine Nachfolger, gesagt, gedacht und durchgesetzt haben. Das heisst, dass das, was im Koran über die Familienstrukturen bzw. über die Rolle der Geschlechter beschrieben ist, als unveränderbar angenommen werden muss und nicht infrage gestellt werden darf. Deswegen ist der Gender-Diskurs, der die konservativen Islamischen Feministen*innen führen und dazu Stellung nehmen, die Wahrnehmung der Aufgaben und Rollen der Geschlechter in einem ergänzenden Verhältnis zueinander: Also die gegenseitige Ergänzung der Geschlechter. Das heisst, dass Frauen zuerst ihre primären Aufgaben, ihre Rolle als Ehefrau und schützende Mutter zufriedenstellend erfüllen müssen, wie es in Koran und in der islamischen Quellen beschrieben wird. Erst dann dürfen die Frauen zusätzliche Aufgaben in der Öffentlichkeit annehmen, sich für das allgemeine Wohl engagieren oder durch geeignete Arbeit Geld verdienen. Das Verständnis von Geschlechtergleichheit, wie es im westlichen Feminismus bekannt ist, ist beim Islamischen Feminismus grösstenteils nicht der vertreten. Bisherige innerislamische Gender Diskurse können eine gewisse Verbesserung im Bezug zur Gendergleichheit nach sich ziehen, jedoch nicht eine politische Geschlechtergleichheit in der islamischen Welt ermöglichen oder realisieren, wenn sie religiös begründet werden muss: Die Erneuerung der islamischen Vernunft (Gedankenguts) ist lediglich möglich, wenn eine Infragestellung des Alten mit einer tiefgreifenden Selbstkritik geführt wird. In diesem Sinn bedeutet *Idschtihad* nicht die Erneuerung, wie es wortwörtlich verstanden wird, sondern bedeutet nur, dass innerhalb der islamischen Tradition, unter Berücksichtigung verschiedensten Ansichten zu einem Thema, die geeignetste Lösung gesucht wird. Somit ist die Suche nach Neuem oder nach einer Reformation begrenzt. Es muss in den traditionellen Grenzen gesucht werden, weil sich der *Idschtihād* in der vorgegebenen islamischen Tradition bzw. mit der Vergangenheit identifiziert und legitimiert. Zu einer Gendergleichheit kann es nicht kommen, wenn keine Kritik an die Religion oder den Koran geäussert wird. Die Methode der Islamischen Feministen*innen wird deshalb von den Reformdenker*innen wie bspw. Abu Zaid und der Genderforscherin Shahrzad Mojad kritisiert: Die meisten Islamistischen Feminist*innen wollen all ihre Argumente im Bezug zur Geschlechtergleichheit mit islamischen Quellen (Koran und Hadithe) legitimieren, was ihnen nicht immer gelingen kann, weil wir in einem anderen gesellschaftlichen Kontext leben.

Es gibt ein wichtiger Kernpunkt, der sich durch diese Arbeit herauskristallisiert hat und hier nochmals erwähnt werden sollte. Als die Protagonist*innen des Islamischen Feminismus ihre Thesen formulierten, haben sie die Gleichheit der Geschlechter als Grundprinzip der Religion festgelegt und dadurch die Koranverse, die über

Geschlechterverhältnisse handeln, zu Gunsten der Gleichheit der Geschlechter bzw. der Frauen neu interpretiert. Das bedeutete, dass Koranverse mit den historischen und aber auch sozialen Hintergründen konstruiert wurden. Alles mit dem Koran legitimieren zu wollen kann Probleme verursachen, wenn der Koran insbesondere in gesellschaftlichen Kontexten für alle Zeiten gültig, unveränderbar und nicht kritisierbar angesehen wird. Einerseits führte dieser Weg zu bestimmten Erläuterungen/Neuinterpretationen der Koranverse, die bisher durch männliche Religionsgelehrten zu Gunsten der männlichen Herrschaft interpretiert wurden. Andererseits wurde dadurch verunmöglicht, dass Islamische Feministen*innen den Koran kritisieren oder ablehnen, wenn er nicht zu Gunsten der Frauen in der Thematik der Gleichstellung der Geschlechter interpretiert wurde. Hier gibt es eine innerislamische Diskussion: Die radikalen und säkularen Islamfeminist*innen, die Minderheit in dieser Bewegung, folgen Amina Wadud, Badran und Mernissi, die den Koran ablehnen, wenn er nicht anders Interpretierbar ist. Denn ihnen sind Menschenrechte wichtiger als die Religion. Genau das geschieht auch, wenn sie die Koranverse, *die das Schlagen der Frauen, wenn sie nicht gehorsam sind proklamieren*, als ungültig betrachten. Die Mehrheit der Islamfeministen*innen sind jedoch konservativ und verteidigen in jedem Fall die Koranverse und führen keine Kritik darüber, weil sie den Koran gleichsam wie Islamisten und Traditionalisten, für alle Zeit und jeden sozialen Kontext bindend betrachten.

Wenn der Islamische Feminismus im Hinblick auf die Fragestellung dieser Arbeit analysiert wird, wird ersichtlich, dass der Islamische Feminismus kein ernsthafter Gegner für das Patriarchat ist, weil er in sehr vielen Kernpunkten wie bspw. dem Familienrecht, der der wichtigste Diskurs sein soll, gleich wie traditionelle Islamisten denken und dafür den Koran als absolute Referenz nehmen. Die Direktorin des Instituts für Frauen und Gender-Forschung, Shahrzad Mojad, sagt, dass das Konzept des Islamischen Feminismus noch Meilen weit entfernt von Demokratie, Säkularismus und auch von Unabhängigkeit sei. Deswegen ist dieses Konzept nicht eine Bewegung, die eine tatsächliche Emanzipation der Frauen in der islamischen Welt stiftet, sondern ein Mittelweg darstellt. Dieser Weg wurde in den neunziger Jahren von der Gründergeneration als legitim erachtet, da es keine andere Möglichkeit gegeben hat, um das patriarchale System zu durchbrechen. Aber heutzutage, nach 18 Jahre der Gründung dieser Bewegung, sollte – wie viele andere Wissenschaftler hervorheben, selbst wenn gewisse Koranverse die Unterwürfigkeit der Frauen gegenüber den Männern besagen, dies kein Hindernis mehr darstellen sollte, um ein modernes Verständnis von Gleichheit einzuberufen. Denn in der Zeit Mohammeds bestand ein komplett anderer sozialer Kontext. Diese Forscher verlangen nach einer Veränderung des Islamischen Rechts und geben schon Vorschläge, wie das Recht interpretiert und auf die Gender-Gleichheit angewendet werden kann.

Beim Schreiben dieser Arbeit habe ich gemerkt, dass es auch ein paar andere Kernpunkten gibt, die noch erläutert werden könnten. Es wäre interessant zu recherchieren, ob die Islamischen Feministen*innen sich für eine Trennung zwischen Religion und Staat einsetzen würden, obwohl Muhammad, die Islamische Religion, die Islamisten*innen und Traditionalisten*innen eine solche Trennung ablehnen. Eine weitere Frage wäre, weshalb konservative Islamische Feminist*innen sich im Islamischen Feminismus vermehrt haben, obwohl sie sich mit den Protagonisten der Bewegung, die säkular und radikal sind, nicht einigen können. Die Menschenrechtskonvention ist für konservative Islamische Feministen*innen von geringer

Bedeutung. Ausserdem sind sie in sehr viel Kernpunkten, die für Gendergleichheit zentral sind, gleicher Meinung wie die religiöse Universität Al-Azhar oder die Müslüm Brüderschaft bzw. sie setzen sich damit nicht auseinander. Ist das ein Kompromiss mit konservativen Islamisten*innen oder denken Islamische Feministen*innen wirklich parallel zu ihnen?

Literaturverzeichnis

Abu Zaid Nasr und Hamid, Sezgin Halil. *Mohammed und die Zeichen Gottes.* Freiburg i.Br, Basel [etc.]: Herder 2008.

Abbas Poya. *Anerkennung des Iǧtihād - Legitimation der Toleranz, Möglichkeiten innerer und äusserer Toleranz im Islam am Beispiel der Iǧtihād-Diskussion.* 2003, erste Aufl. Berlin: Klaus Schwarz Verlag, 2003.

Abu Zaid Nasr und Hamid, Sezgin Halil. *Mohammed und die Zeichen Gottes.* Freiburg i.Br, Basel [etc.]: Herder 2008.

Ahmed, Leila. *Women and Gender in Islam, Historical Roots of a Modern Debate.* 1992 erste Aufl. New Haven, London: Yale University Press,1992.

Al Qurtubi. *al-Ǧāmiʿ li-aḥkām al-qurʾān.* 1334-1265(sic!) erste Aufl. Bayrūt: Dār iḥyāʾ at-turāt al-ʿarabī, 1985.

Al- Sonbati Jasmin, „Von gewissen Koranversen muss man sich verabschieden," *Der Landbote*, 04.11.2016, http://www.landbote.newsnetz.ch/schweiz/von-gewissen-koranversen-muss-man-sich-verabschieden/story/13248399?track

Ali Zahra. „Schluss: Den Feminismus entkolonialisieren und erneuern," in *Islamische Feminismen, Passagen Thema*, hrsg. von Peter Engelmann, 203-209. Wien: Passagen Verlag, 2014.

Al- Jabri. *Kritik der Arabischen Vernunft.* 2009, erste Aufl. Berlin: Perlen Verlag, 2009

Amirpur Katajun, *Den İslam neu denken, Der Dschihad für Demokratie, Freiheit und Frauenrechte.* 2013, erste Aufl. München: Verlag C.H. Beck 2013

Amirpur Katajun, „Islamischer Feminismus: Kritik und Inhalt eines Konzepts," in *Unbeschreiblich Weiblich? Neue Fragestellung zur Geschlechterdifferenz in den Religionen,* hrsg. Christine Gerber, Silke Petersen, Wolfram Weiße, 195-213. Berlin: LIT Verlag, 2011.

Balchin, Cassandra, "Emergence of a Transnational Muslim Feminist Consciousness among Women in the WENAAZ (Western Europe, North America, Australia and New Zealand) Context" in *Muslim Diaspora in the West. Negotiating Gender, Home and Belonging,* Surrey, hrsg. Moghissi, Haideh und Ghorashi, Halleh, 39-51 (2010), 39-41.

Bobzin Hartmut. *Der Koran,* 2017, erste Aufl. München: C.H. Beck 2017.

Cooke, Miriam. „Multiple Critique, Islamic Feminist Rhetorical Strategies," in *Postcolonialism, Feminism, and Religious Discourse,* hrsg. Donaldson, Laura E.; Pui-Lan, Kwok. New York, London, 2002.

Dudu Küçükgöl. „Brauchen wir einen muslimischen Feminismus?" in *Mehr Kopf als Tuch,* hrsg. Amani Abuzahra, 81-102. Innsbruck-Wien: Tyrolia Verlag, 2017.

Editorial, "Islam and gender in Europe: subjectivities, politics and piety Source." *Feminist Review,* No. 98 (2011): 4.

Gayatri Spivaks. „Can the subaltern speak? ", in Cary Nelson und Lawrence Grossberg, Marxism and the Interpretation of Culture, hrsg. Nelson; Grossberg, 271-313. University of Illinois: 1988.

Florin Christiane, „Dürfen Frauen Priesterinnen werden? " Deutschlandfunk, 15.04.2017, http:// www.deutschlandfunk.de/katholische-kirche-duerfen-frauen-priesterinnen-werden.2927.de.html?dram:article_id=383904.

Foucault Michel. Überwachen und Strafen. Die Geburt des Gefängnisses. 9. Aufl. Frankfurt am Main: Suhrkamp,1994.

Mahrokh Charlier, „Der muslimische Mann." Lettre International 84 (Frühjahr 2009): 76-80.

Manea Elham. Women and Shari'a Law: The Impact of Legal Pluralism in the UK. 2016, erste Aufl. London: I.B Tauris 2016.

Margot Badran, „Islamischer Feminismus," in Islamische Feminismen, Passagen Thema, hrsg. von Peter Engelmann, 203-209. Wien: Passagen Verlag, 2014.

Mir-Hosseini, Ziba, "Muslim Women's Quest for Equality: Between Islamic Law and Feminism." Critical Inquiry, Vol. 32, No. 4 (Summer 2006): 629-645.

Muhammed Abed Al- Jabri. Kritik der Arabischen Vernunft. 2009, erste Aufl. Berlin: Perlen Verlag, 2009.

Paret, Rudi. Der Koran,1983. dritte Aufl. Stuttgart/Berlin/Köln/Mainz: Verlag W. Kohlhammer:1983.

Said Edward. Orientalism. 1978 Originalausgabe New York: Vintage Books, 1994.

Salah Hoda, „Diskurse des islamischen Feminismus." Gender Zeitschrift für Geschlecht, Kultur und Gesellschaft 1 (2010): 48f. http://nbn-resolving.de/urn:nbn:de:0168-ssoar-394005

Schröter Susanne, „Welche Chancen hat der islamische Feminismus?" Frankfurter Allgemeine, www.faz.net/aktuell/feuilleton/debatten/frauen-im-islam-welche-chancen-hat-der-islamische-feminismus-11536377-p2.html.

Sadik J. Al- Azm. Unbehagen in der Moderne. 1993 Original Ausgabe. Frankfurt am Main: Fischer Taschenbuch Verlag, 1993.

Wadud Amina. Inside the Gender Jihad: Women's Reform in İslam. 2007, erste Aufl. New York: Oxford 2007.

Wadud Amina. Inside the Gender Jihad: Women's Reform in İslam. 2007, erste Aufl. New York: Oxford 2007.

Wadud Amina, "Das ist islamischer Feminismus," Taz,2011, https://www.taz.de/Archiv-Suche/!5114025&s=amina%2Bwadud/

Yassine Nadia. "Between etymology and Realpolitik, "in Islamism. Contested Perspectives on Political İslam, hrsg. Martin, Richard C.; Barzegar, Abbas 67-73. Stanford: Stanford University Press, 2010.

Yassine, Nadia. Toutes voiles dehors. 2003, erste Aufl. Casablanca: Le Fennec, 2003.

Yassin Nadia. „Modernity, Muslim Women, and Politics in the Mediterranean. "in Princeton Readings in Islamist Thought. Texts and Contexts from al-Banna to Bin Laden, hrsg. Euben Roxanne 302-311. Princeton N.J: Princeton University Press, 2009.

Yassine Nadia [1.1], Universit.t Granada, 10.05.2010): La femme arabe aujourd'hui. [Videodatei] https://www.facebook.com/Nadia1Yassine/videos/vb.50515971999/1463568825861/?type=2&theater [Zugriff vom 12.08.2018].